FACULTÉ DE DROIT DE PARIS.

THÈSE
POUR LE DOCTORAT.

L'acte public sur les matières ci-après sera soutenu le vendredi 1er août 1834,
à sept heures et demie du matin,

Par **DE MONSEIGNAT** (Charles-Félix),

Né à Paris (Seine).

Président, M. PELLAT, professeur.

Suffragans, { MM. DEMANTE, DUCAURROY, PONCELET, } Professeurs.
BOITARD, Suppléant.

Le candidat répondra en outre aux questions qui lui seront faites sur les autres matières de l'enseignement.

PARIS,

IMPRIMERIE DE PAUL DUPONT,

RUE DE GRENELLE-SAINT-HONORÉ, N. 55.

1834.

A MON PÈRE.

JUS ROMANUM.

DE SPONSALIBUS.

Dig., lib. 23, tit. 1.

Sponsalia sunt futurarum nuptiarum mentio et repromissio. (L. 1, h. t.)

Sponsalia dicta sunt à spondendo, nam moris fuit veteribus stipulari et spondere sibi uxores futuras : undè sponsi et sponsæ appellatio nata est. (L. 2. 3. h. t.)

Qui uxorem ducturus erat, ab eo undè ducenda erat stipulabatur eam in matrimonium ductum iri; qui daturus erat itidem spondebat se daturum. Is contractus stipulationum sponsionumque dicebatur sponsalia; tum quæ promissa erat sponsa appellabatur; qui sponponderat ducturúm, sponsus. Sed si post eas stipulationes uxor non dabatur aut non ducebatur, qui stipulabatur ex sponsu agebat, judices cognoscebant. Judex quamobrem data acceptave non esset uxor quærebat. Si nihil justæ causæ videbatur, litem pecunia æstimabat; quantique interfuerat eam uxorem accipi aut dari eum qui spoponderat aut qui stipulatus erat condemnabat. (Ex Aul. Gell. *Noct. Attic.*, lib. 4, cap. 4.)

Sed cum litis æstimatio difficillima erat, Varro ait solere certam pecuniam desponderi pœnæ nomine atque exigi. (Lib. 5 *de ling. lat.*, p. 41.)

Istis verborum solemnitatibus postea sublatis, nudus consensus ad constituenda sponsalia suffecit. (L. 4, l. 7, pr. l. 18 h. t.)

Necesse est primum inter se consentiant sponsus et sponsa. (L. 5,

6, 8, 11, 12, 13, h. t.) — Præterea hi quoque consensum sponsalibus debent accommodare qui et nuptiis. (L. 7, § 1, h. t.)

Sponsalia inter eas personas quæ matrimonio jungi prohibentur non rectè contrahuntur. (L. 15, 16, h. t.)

Sponsalia tam inter puberes quam inter impuberes contrahi possunt, si modò impuberes intelligunt quod agunt, id est, si non sint minores quam septem annis. (Paul. sent., lib. 2, t. 19, § 1.)

Sponsus sponsave, et etiam pater sponsæ, si filia non fuit emancipata, sponsalia dissolvere possunt et promissas nuptias detrectare. (L. 10. h. t.)

Si sponsus ultrà biennium nuptias non contraxerit, maritalibus præmiis lege Juliâ et Papiâ Poppeâ frui non licebit, nisi justa causa moræ intervenerit; indè Suetonius ad Augusti Vitam, cap. 34, ait : « Cùm immaturitate sponsarum vim legis eludi sentiret, tempus sponsas habendi coarctavit. « Item Dio Cassius, lib. 54 : « Cùm quidam pueras desponderent, et præmia nihilominus ferrent maritorum rem opusque mariti non præstarent, statuit nullam sponsionem firmam esse postquam biennio exacto nuptiæ non sequerentur, hoc est ut omninò decennem despondere opus esset, si quis sponsionis ejus vellet fructum; puellis enim duodecimus annus plenus ad nuptias definita ætas censetur. »

Si nuptiæ ante duodecimum annum fuerunt contractæ, istas nuptias non ut sponsalia valere apparet ex lege 9 h. t.

DE RITU NUPTIARUM. (*Lib.* 23, *Dig. tit.* 2.)

Nuptiæ sunt conjunctio maris et feminæ, et consortium omnis vitæ, divini et humani juris communicatio. (L. 1, h. t.)

I. *De consensu ad nuptias.* — Nuptiæ consistere non possunt, nisi consentiant omnes; id est qui coeunt, quorumque in potestate sunt. (Ulp. frag., t. 5, § 2.)

Consensus non sufficit ad nuptias qui ad incertam personam refert. (L. 34, h. t.)

Si filius ejus qui apud hostes est vel abest, post triennium capti-
vitatis vel absentiæ patris uxorem duxerit, matrimonium recte con-
trahitur; imò ante triennium, dummodò eam filius ducat uxorem,
vel filia tali nubat cujus conditionem certum sit patrem non repudia-
turum. (L. 10, 11, h. t.)

Si parentes liberos quòs in potestate habent injuriâ prohibuerunt
uxorem ducere, vel nubere, vel dotem dare non voluerunt, à magis-
tratibus in matrimonium collocare et dotare coguntur. (L. 19, h. t.)

Non solum consensus avi requiritur, in cujus potestate filius est,
sed etiam patris in cujus potestatem post mortem avi recasurus est.
(L. 9., 16, h. t.)

Liberis emancipatis consensus parentum non requiritur ad nuptias. (L. 20, 25, h. t.)

Ad nuptiarum substantiam nec instrumenta, nec festivitas, nec
concubitus requiruntur, sed consensus. (L. 6. 7, h. t. l. 30 de Reg.
Jur.)

II. *De jure connubii.* — Connubium habent cives romani cum
civibus romanis, cum latinis autem et peregrinis, ità si sit con-
cessum. (Ulp. frag., t. 5, § 4.)

Si ex justâ causâ erroris civis nupsisset ei personæ cum quâ connubium non haberet, permittitur ex senatûs-consulto causam erroris
probare, et ita uxor et filius ejus ad civitatem romanam perveniunt,
et incipit filius in potestate patris esse, quasi jus connubii tempore
nuptiarum extitisset. (Ex Gaii Inst., l. 1, § 66 et seq.)

Item si Latini juniani uxores duxerunt vel cives romanas, vel latinas
colonarias, vel ejusdem conditionis cujus et ipsi essent, idque testati
fuerint coràm septem testibus civibus romanis puberibus, et filium
procreaverint, et is anniculus fuerit, quamvis non sit inter eos jus
connubii per legem Æliam Sentiam adire prætorem, vel in provinciis
præsidem provinciæ et probare se ex lege Ælia Sentiâ uxorem duxisse
et ex ea filium anniculum habere, et si is apud quem causa probata
est id ita esse pronunciaverit, tunc et ipse Latinus et filius et

uxor ejus quasi connubium intercessisset, cives romani esse juben-
tur. (ex Gaii inst., lib. 1, § 29 et seq.)

Cum servis nullum est connubium. (Ulp. frag., t. 5, § 4.)

III. *De pubertate.* — Ut nuptiæ justæ sint, requiritur ut masculus
pubes et femina viri potens sit. (Ulp. frag., t. 5, § 2.)

IV. *De iis qui nuptias contrahere prohibentur.*

1. — Neque idem duas uxores habere potest, neque eadem duobus
nupta esse. (L. 6 d. de div.)

2. — Inter parentes et liberos infinitè cujuscumque gradus
connubium non est. (Ulp. frag., t. 5, § 6.)—Et hæc adeò ita sunt ut
quamvis per adoptionem parentum liberorumve loco sibi esse cæpe-
rint, non possint inter se matrimonio conjungi, in tantùm ut etiam
dissolutâ adoptione idem juris maneat: itaque eam quæ nobis adoptione filiæ aut neptis loco esse cœperit non poterimus uxorem ducere
quamvis eam emancipaverimus. (ex Gaii Inst. l. 1, § 60.)

Inter cognatos ex transverso gradu est quædam similis observatio,
sed non tanta. Sanè inter fratrem et sororem nuptiæ prohibitæ sunt,
sed si qua per adoptionem soror mihi esse cœperit, quamdiù con-
stat adoptio inter me et eam nuptiæ non possunt consistere (l. 55 h.
t.); cum verò per emancipationem adoptio sit dissoluta, potero eam
uxorem ducere; sed et si ego emancipatus fuero, nihil impedimento
erit nuptiis. (L. 17, h. t.)—Fratris filiam uxorem ducere licet, idque
primum in usum venit cùm divus Claudius Agrippinam, fratris sui
filiam, uxorem duxisset; sororis verò filiam uxorem ducere non licet,
non etiam amitam vel materteram, aut eam quæ nobis socrus aut
nurus, aut noverca privignave fuit, quia parentium liberorumque
loco habentur. (ex Gaii. Inst., l. 1, § 60—63.)

Item magnam amitam etiam adoptivam, materteramve magnam,
aut sororis proneptem uxores ducere prohibemur quamvis quarto
gradu sint quia matris et filiæ loco sunt. (L. 17, § 2, l. 39 h. t.)

Cum in contrahendis matrimoniis naturale jus et pudor inspicien-
dus sit, nihil interest an cognatio affinitasve quæ nuptias impediunt

ex justis nuptiis descendant an verò non. Imò serviles cognationes aut affinitates in hoc jure post manumissionem observandæ sunt. (L. 8, l. 14, § 2, 3, l. 54, h. t.)

Inter comprivignos contrahi nuptiæ possunt etsi fratrem communem ex novo parentium matrimonio habeant. (L. 34, § 2, h. t.)

3.—Sunt quædam nuptiæ, quæ, etsi summo jure civili permissæ, tamen publicæ honestatis ratione prohibentur.— Ità inter patrem et sponsam filii, inter filium et sponsam patris. (L. 12, § 1, 2, h. t.)— Item inter sponsum et matrem sponsæ. (L. 14 h. t.)—Inter vitricum et uxorem privigni.—Inter novercam et maritum privignæ. (l. 15, h. t.) — Inter me et filiam quam uxor mea post divortium ex alio marito suscepit. (L. 12, § 3, h. t.)—Inter patronam et ejus libertum.—Inter libertum et mulierem quæ patrono nupta fuit, nisi patrona tam ignobilis sit ut ei honestæ sint vel liberti nuptiæ. (Paul. sent. lib. 2, t. 19, § 9.)

4.—Inter tutorem aut curatorem eorumve liberos et pupillam vel adultam nuptiæ prohibentur ne istâ conjunctione fraudem administrationis tegere possint, nisi tamen adulta uxor à patre desponsa specialiterve destinata fuerat : nisi ve avus tutor nepotem ex uno filio nepti ex altero filio in matrimonium collocet quia par affectionis causa in eo casu suspicionem fraudis amovet. (L. 36. 62. 64. 66. 67, § 1. 4. h. t.)

5.— Si quis officium in aliquâ provinciâ administrat, nec ipse, nec filius ejus mulierem ibi domicilium habentem uxorem ducere possunt. (L. 38. 57, 63, h. t. l. 190 de verb. signif.)— Veterem tamen sponsam in provinciâ quam quis administrat uxorem ducere potest. (L. 38, § 1, h. t.)

6.—Lege juliâ de maritandis ordinibus senatores liberique eorum libertinas et quæ ipsæ quarumve pater materve artem ludicram fecerit : item corpore quæstum facientem prohibentur uxores ducere. Cæteri autem ingenui prohibentur ducere lenam, et à lenone lenâve

manumissam et in adulterio deprehensam et judicio publico damna-
tàm , et quæ artem ludicram fecerit. (Ulp. frag. t. 13.)

V. — Si adversus ea quæ diximus aliqui coierint, nec vir nec uxor,
nec nuptiæ, nec dos intelligitur. Itaque ii qui ex eo coitu nascuntur
in potestate patris non sunt , sed tales sunt quales sunt ii quos mater
vulgò concepit, qui spurii vocantur. (Ex Gaii Inst. lib. 1. § 64.) — Dos
fisco vindicabitur. (L. 39 § 1 l.52 , 57, § 1. 58. 61. 68 , h. t.)

DE CONCUBINIS. Lib. 25, Dig. Tit. 7.

Concubinatus est matrimonium quoddam juris gentium , quod
veluti justæ nuptiæ, perpetuam et individuam vitæ consuetudinem
continet; sed concubina civile uxoris nomen non habet; ii qui con-
cubinatu nascuntur non justi liberi sunt, sed dicti naturales, nec
ipsi jura gentis et familiæ habent, nec pater in ipsos habet jus patriæ
potestatis.

Concubinam ex solâ animi destinatione æstimari oportet. (L. 4, h. t.)
— Concubina igitur ab uxore solo delectu separatur. (Paul. sent. t.
20, § 1, lib. 2.)

Eas quas jure civili uxores ducere non licet, possumus habere
concubinas. (L. 1, § 2, h. t.) Eam tamen non licet habere concubinam
cum quâ conjungi jure gentium nefas sit. (L. 1, § 1, l. 3, h. t. l. 24
de rit. nupt.)

Eas cum quâ nuptias contrahere non licet, aut viles personas ma-
gis pro concubina quàm pro uxore quis habere intelligitur. (L. 1, § 1,
l. 3, h. t. l. 24 de rit. nupt.)

Eo tempore quo quis uxorem habet, concubinam habere non potest. (Paul sent. lib. 2, t. 20, § 1.)

DE AGNOSCENDIS ET ALENDIS LIBERIS, VEL PARENTIBUS, VEL PATRONIS, VEL
LIBERTIS. — Lib. 25, Dig. Tit. 3.

I. — Ex senatûs-consulto Planciano mulier parensve in cujus potestate est, si divortio facto gravidam se sciat, intrà triginta dies

continuos ex die divortii, viro vel patri ejus denuntiare debet ut ad ventrem inspiciendum observandumque custodes mittant, quibus missis et à muliere admissis partum coguntur agnoscere. (Paul. sent. lib. 2, tit. 24, § 5, l. 1, § 1 et 6, h. t.)

Si mulier ea quæ senatûs-consulto præcipiuntur omiserit, vir non equidem agnoscere nec alere cogitur, nisi partus cui non nocere debet negligentia matris se verum esse filium demonstrare possit. (Paul. sent. lib. 2, t. 24, § 6, l. 1, § 8, 15, h. t.)

Maritus qui custodes non miserit, nec denuntianti mulieri ex se prægnantem non esse responderit, cogetur partum agnoscere et alere; cæterùm recusare poterit filium. (L. 1, § 4, 12, 14, h. t.)

II. — Liberi etiam emancipati à parentibus alendi sunt. (L. 4, l. 5, § 6.) Et vicissim parentes à liberis. (L. 5, § 1—5, h. t.)

Matrem et cæteros sexûs feminini ascendentes alimenta debere sic accipiendum est, si non sint pater aut per sexum masculinum ascendentes à quibus præstari possint. (L. 8, l. 5, § 14, h. t.)

Pro modo facultatum ejus qui ea debet et indigentiæ ejus cui debentur alimenta præstantur. (L. 5, § 7, h. t.)

Ex causa ingratitudinis liberis denegantur. (L. 5, § 11, h. t.)

Ista obligatio ad solutionem æris alieni non porrigitur. (L. 5, § 12, 16, h. t.)

Interdùm et si pater deductus est in summam egestatem ad ea præstanda quæ filius dedisset heredes ejus cogi oporteret. (L. 5, § 17, h. t.)

III. — Judex cognoscet de petitione alimentorum; qui damnatus erit ea præstare pignoribus captis compelletur. (L. 5, § 10, h. t.)

IV. — Libertus patronum alere cogitur (L. 5, § 18, 24, h. t.), liberos parentesve patroni alere cogi potest. (L. 5, § 20, 21, 26, h. t.)

Hoc non pertinet ad libertum liberti erga patronum patroni sui. (L. 5, § 22, h. t.)

Ut libertus alimenta præstare compelletur, oportet ut eum libertum esse constiterit apud judicem; ut ei qui petit desit, liberto autem supersit; ut qui alimenta desiderat, non se indignum hoc beneficio præstiterit.

Si libertus patrono deneget alimenta , ei ministerium præbere cogitur ; si persistit, a prætore emptori addicitur pretiumque patrono tribuitur. Patronus qui liberto denegat alimenta, operas libertati veluti pretium impositas et spem hereditatis perdit. (L. 6, h. t.)

DROIT FRANÇAIS.

DU MARIAGE.

Code civil, liv. 1, tit. 5, art. 144—228.

Définition du mariage. — Le mariage est la société de l'homme et de la femme qui s'unissent pour perpétuer leur espèce, pour s'aider par des secours mutuels à porter le poids de la vie, et pour partager leur commune destinée. (Exposé des motifs.)

DES QUALITÉS ET CONDITIONS REQUISES POUR POUVOIR CONTRACTER MARIAGE.

De l'âge compétent pour contracter mariage. — 144. — L'homme avant dix-huit ans révolus, la femme avant quinze ans révolus, ne peuvent contracter mariage.— Il fallait qu'il y eût capacité physique et morale dans ceux qui contractent mariage.

Une femme française qui n'aurait pas atteint l'âge fixé par l'article 144 ne contracterait pas valablement mariage avec un étranger, lors même que les lois du pays de cet étranger permettraient aux femmes de se marier avant cet âge.

Le mariage contracté par une femme étrangère avec un Français suivant les lois de son pays, mais avant l'âge requis par la loi française, serait-il valable? — Oui.

145. — Le gouvernement peut néanmoins pour des motifs graves accorder des dispenses d'âge. (V. Arrêté du 9 juin 1803.)

Du consentement des parties contractantes. — 146. — Il n'y a point de mariage lorsqu'il n'y a point de consentement. — C'est-à-dire un consentement libre, pur d'erreur ou de violence.

De là suit : que le mariage contracté par un interdit est nul, ainsi que le mariage contracté par un insensé qui n'est pas interdit, en prouvant dans ce dernier cas le fait de la démence.

Celui auquel un conseil judiciaire a été donné peut contracter mariage sans l'assistance de ce conseil.

Le mariage ne peut être annulé pour cause d'erreur que dans les cas où il est certain que, si cette erreur n'avait pas eu lieu, le mariage n'aurait pas été contracté : or le mariage étant contracté en considération de la personne, cette certitude n'existe en règle générale, et par suite le mariage n'est susceptible d'être annulé que lorsqu'il y a erreur sur la personne. De là cette double conséquence, 1° que l'erreur annule le mariage non seulement lorsqu'elle porte sur *l'individu,* mais encore sur la *personne* civile, si, par exemple, j'épouse une personne que j'ai d'ailleurs vue et agréée, mais pensant en épouser une autre, et ceci paraît surtout certain dans le cas où cette personne m'aurait induit en erreur par des manœuvres frauduleuses ; 2° que l'erreur sur les qualités morales, le rang, la légitimité, l'extranéité de celui avec lequel on a contracté et voulu contracter mariage, ne serait pas une cause de nullité.

Le mariage contracté par erreur avec un forçat libéré me paraît pouvoir être annulé.

Le dol n'est une cause de nullité que dans les cas où il en est résulté une erreur sur la personne (1116).

Le consentement est nul s'il a été obtenu par violence (1111 — 1114). Les menaces faites par un créancier à son débiteur, d'employer les voies légales d'exécution soit sur ses biens, soit sur sa personne, ne sont pas une violence de nature à vicier le mariage.

De l'absence d'un premier lien. — 147. — On ne peut contracter un second mariage avant la dissolution du premier.

L'étranger dont le mariage a été dissous par le divorce, suivant

(13)

les lois de son pays, peut-il, avant le décès de son premier époux, contracter un nouveau mariage en France, où le divorce n'est pas admis? — Oui.

Du consentement des personnes sous la dépendance desquelles les contractans se trouvent placés. — 148. — Le fils qui n'a pas atteint l'âge de vingt-cinq ans accomplis, la fille qui n'a pas atteint l'âge de vingt-un ans accomplis, ne peuvent contracter mariage sans le consentement de leurs père et mère; en cas de dissentiment, le consentement du père suffit. — Mais puisqu'il ne suffit qu'au cas de dissentiment, il en résulte que la mère doit avoir été consultée : si elle ne l'avait pas été, elle aurait droit de former opposition au mariage. — Comment constater le refus de la mère? — Par un acte fait dans la forme des actes respectueux.

149. — Si l'un des deux est mort, *soit naturellement, soit civilement,* ou s'il est dans l'impossibilité de manifester sa volonté, le consentement de l'autre suffit.

Le consentement de la mère survivante, remariée et non maintenue dans la tutelle, suffirait-il pour le mariage? — Oui.

Ceux qui sont interdits pour démence, absens déclarés tels, condamnés à une peine emportant mort civile, ou seulement interdiction légale (29 Cod. pén.), ou en état de contumace (465 Inst. c.), sont dans l'impossibilité de manifester leur volonté.

L'enfant d'un individu banni est-il tenu de lui demander son consentement pour le mariage? — Oui, si le lieu de sa résidence est connu; le bannissement n'entraîne pas interdiction légale.

Quid, si le père est seulement présumé absent? — Un avis du conseil d'état du 4 thermidor an 13 règle les formalités à suivre dans ce cas, lorsqu'il s'agit du mariage des personnes majeures. — Il semble que s'il s'agit du mariage de mineurs, l'officier de l'état civil, auquel ne seraient représentés ni le consentement du père, ni l'acte de son décès, ni le jugement déclaratif de son absence, devrait refuser de procéder à la célébration.

Le consentement donné par l'ascendant au mariage semble devoir porter sur une personne déterminée, et non sur celle qu'il plaira à l'enfant de choisir. Il paraît cependant que l'on pourrait décider autrement si l'enfant était âgé de vingt-un ans accomplis, car alors ce consentement n'est plus exigé à raison de son incapacité naturelle (160, arg.), mais seulement parce qu'à tout âge il doit à ses ascendans honneur et respect.

Le consentement donné peut être révoqué avant la célébration.

150. — Si le père et la mère sont morts ou dans l'impossibilité de manifester leur volonté, les aïeux et aïeules les remplacent. — S'il y a dissentiment entre l'aïeul et l'aïeule de la même ligne, il suffit du consentement de l'aïeul. — S'il y a dissentiment entre les deux lignes, le partage emportera consentement.

Le mot *aïeul* est générique et s'entend même des descendans d'un degré plus éloigné.—S'il y a tout à la fois un aïeul dans une ligne, et un bisaïeul dans l'autre, il semble que le consentement de tous deux devrait être demandé. — La représentation des actes de décès des père et mère des futurs mariés n'est pas nécessaire, lorsque les aïeuls ou aïeules attestent ce décès, et dans ce cas, il doit être fait mention de leur attestation dans l'acte de mariage. (Avis du conseil d'état, du 4 thermidor, an 13.)

151.— Les enfans de famille ayant atteint la majorité fixée par l'art. 148 Cod. civ. sont tenus, avant de contracter mariage, de demander par un acte respectueux et formel le conseil de leurs père et mère, ou celui de leurs aïeuls et aïeules, lorsque leurs père et mère sont décédés ou dans l'impossiblité de manifester leur volonté.

L'acte respectueux doit être notifié au père et à la mère par copie séparée.

152—153.— Voyez ces articles, et remarquez que l'art. 1033 Cod. de proc. civ. n'est pas applicable aux actes respectueux qui doivent être faits de quantième à quantième.

154.— L'acte respectueux sera notifié à celui ou ceux des ascendans désignés en l'art. 151, par deux notaires ou un notaire et deux témoins, et, dans le procès-verbal qui doit en être dressé, il sera fait mention de la réponse.

Il faut décider avec la jurisprudence—que la présence de l'enfant qui demande conseil n'est pas nécessaire à la notification de l'acte respectueux;—qu'il n'est pas nécessaire que chaque acte respectueux soit fait en vertu d'un pouvoir spécial; — qu'il n'est pas même nécessaire que le notaire soit muni d'un pouvoir écrit;—que la transcription du pouvoir donné au notaire, afin de faire les trois actes respectueux, sur la copie du premier, n'annule pas cet acte ; qu'on alléguerait en vain qu'elle annonce le dessein arrêté de ne pas suivre le conseil demandé;—que l'enfant n'est pas obligé de sommer préalablement ses ascendans de se trouver à jour et heure indiqués dans leur domicile, pour y donner leur réponse;— que si l'ascendant n'était pas présent au moment où la notification a été faite, cette notification serait valablement laissée à son domicile, car si l'on décidait autrement, l'ascendant pourrait par son absence rendre impossibles les actes respectueux; — que le notaire qui ne trouve personne au domicile de l'ascendant peut remettre directement la copie de l'acte respectueux au maire ou à son adjoint, sans qu'il soit nécessaire de s'adresser d'abord aux voisins;—que le visa du maire, requis par l'art. 68 Cod. proc. civ., n'est pas indispensable; — que l'acte respectueux doit être revêtu des formalités prescrites pour les actes notariés;— que la copie de cet acte doit être signée par les deux notaires, ou par le notaire et les deux témoins, mais non par l'enfant.

Le mot *conseil* n'est pas sacramentel.—L'expression *sommation* ou *interpellation* n'annule pas l'acte respectueux, conçu d'ailleurs en termes révérentiels.

La déclaration de l'enfant, qu'il est dans la ferme résolution de contracter le mariage projeté, n'annule pas l'acte respectueux.

Les tribunaux peuvent-ils ordonner qu'une fille majeure, qui fait signifier les actes respectueux, étant dans la maison de celui qu'elle

se propose d'épouser, se retirera dans un autre domicile pour y communiquer avec ses parens? — Non.

155.'—Voyez cet art. et un avis du conseil d'état du 4 thermidor
an 13.—Après ces mots de l'art. 155 : En cas d'absence de l'ascendant
auquel eût dû être fait l'acte respectueux, ajoutez : *et à défaut de
tout autre ascendant.*

L'acte de notoriété, énoncé en l'art. 155, n'a pas besoin d'être ho-
mologué.

156.—Remarquez que le simple défaut d'énonciation, dans l'acte
de célébration, des consentemens requis suffit pour faire encourir la
peine. — Voyez 193 Cod. pén.

157.—Voyez cet art.—Le défaut d'actes respectueux ne serait pas
une cause de nullité du mariage.

158—159. — Le tuteur *ad hoc* donné à l'enfant naturel, suivant
l'art. 159, serait nommé par un conseil d'amis.

160.— L'avis donné par le conseil de famille en conformité de
l'art. 160 pourrait-il, comme dans les cas ordinaires, être réformé
par les tribunaux suivant l'art. 883 Cod. de proc. civ. ? — Non.

Des prohibitions de mariage pour cause de parenté ou d'alliance.
— 161. — En ligne directe, le mariage est prohibé entre tous les
ascendans et descendans légitimes ou naturels et les alliés dans la
même ligne.

Le fils naturel reconnu ne peut pas épouser la veuve de son père,
et réciproquement le père naturel ne peut pas épouser la veuve de
son fils ; mais un mariage pourrait être contracté entre un parent et
son enfant naturel non reconnu.

Le commerce illicite entre deux personnes produit-il une alliance
naturelle entre chacune d'elles et les parens de l'autre? Non; ainsi
un fils peut épouser la concubine de son père, ou un père la concubine de son fils. — Une mère peut épouser celui qui a eu un commerce illicite avec sa fille, une fille celui qui a eu ce commerce avec
sa mère. — De même encore un individu peut épouser l'enfant

qu'une femme avec laquelle il a vécu en concubinage a eu d'un autre.
— Et il en serait ainsi lors même que le concubinage serait prouvé
par la reconnaissance d'un enfant naturel; cette circonstance ne produit pas l'affinité naturelle légale qui ne peut jamais résulter que du
mariage. L'alliance qui n'existe pas entre les concubins eux-mêmes,
n'existe pas par une raison plus forte entre chacun d'eux et les parens de l'autre, puisqu'ils n'ont pu communiquer à leurs parens
une alliance qui n'était pas en eux.

Le mariage qui a été déclaré nul a-t-il du moins produit une alliance qui ait pour effet d'empêcher le mariage entre l'un des époux
et les parens de l'autre en ligne directe? — Oui, si ce mariage produit les effets civils suivant les art. 201, 202 Cod. civ.; il semble que
dans l'hypothèse contraire, où le mariage annulé ne produit pas
les effets civils, on devrait, dans la rigueur des principes, décider
différemment; néanmoins on décide généralement qu'il y a dans ce
cas empêchement au moins prohibitif.

Un époux ne peut pas contracter mariage avec les enfans même
incestueux ou adultérins que son conjoint a eus d'un autre. — Je ne
puis pas épouser la femme de mon père ou celle de mon fils, mais je
puis épouser la mère ou la sœur de cette femme, car l'alliance unit
un époux aux parens de l'autre époux, et non pas les parens d'un
époux à ceux de l'autre.

162. — En ligne collatérale, le mariage est prohibé entre le frère
ou la sœur légitimes ou naturels et les alliés au même degré.

Il n'y a de parenté entre frère et sœur naturels que celle qui résulte d'une reconnaissance.

Si, le mariage étant contracté, le père de l'un des époux reconnais-
sait l'autre époux pour son enfant naturel, ce mariage devrait être
annulé; à moins que la reconnaissance ne parût mensongère et faite
en vue de rompre un mariage valable.

Je ne puis pas contracter mariage avec la femme de mon frère,
mais rien ne m'empêche de le contracter avec la femme de mon beau-

frère; car je suis l'allié des parens de ma femme et non pas de ses alliés.

Le mariage entre beau-frère et belle-sœur est nul quoique la belle-sœur fût étrangère et appartînt à une nation dont les lois autorisent ces mariages. — Le mariage est nul aussi si le beau-frère étranger dont la loi permet cette union épouse sa belle-sœur française.

163. — Le mariage est encore prohibé entre l'oncle et la nièce, la tante et le neveu.

Cette prohibition doit-elle être étendue au mariage d'un grand-oncle avec sa petite-nièce, d'une grande-tante avec son petit-neveu ? — Le conseil d'état, consulté sur cette question, répondait par un avis du 23 avril 1808, qu'il suffisait, pour autoriser ces mariages, de faire remarquer qu'ils n'étaient défendus par aucune loi; néanmoins il est remarquable qu'une décision *contraire à cet avis* fut rendue le 7 mai suivant.

L'art. 163 n'est pas applicable au cas de parenté naturelle; ainsi on peut épouser la fille naturelle de son frère ou de sa sœur. — Il n'est pas applicable non plus aux oncles et nièces, tantes et neveux par alliance; on peut donc épouser la femme du frère de sa mère.

164 et loi du 16 avril 1832. — Il est loisible au roi de lever, pour des causes graves, les prohibitions portées par l'art. 162 aux mariages entre beaux-frères et belles-sœurs, et par l'art. 163 aux mariages entre l'oncle et la nièce, la tante et le neveu.

Des promesses de mariage. — Ces promesses ne sont pas obligatoires non plus que les clauses pénales qui y auraient été attachées, sauf les dommages-intérêts, s'il était résulté pour celui auquel la prohibition avait été faite un préjudice réel de son inexécution.

De l'engagement dans les ordres sacrés. — L'engagement dans les ordres est-il une cause de nullité du mariage; est-il du moins un empêchement prohibitif? — Non.

De l'impuissance. — Le fait d'impuissance manifeste de l'un des conjoints, antérieure au mariage, est-il une cause de nullité de ce mariage? — Oui.

De l'adultère. — Dans le cas de divorce admis en justice pour cause d'adultère, l'époux coupable ne pourra jamais se marier avec son complice. (298 Cod. civ.)—Cette disposition n'est pas applicable au cas de séparation de corps prononcée pour cause d'adultère.

Du divorce. — Les époux divorcés pour quelque cause que ce soit ne pourront pas se réunir, suivant l'art. 295, Cod. civ.

Les époux divorcés, antérieurement à la loi du 8 mai 1816, peuvent-ils aujourd'hui se réunir nonobstant l'art. 295 du Code civil? — Non.

De la mort civile. — L'individu mort civilement est incapable de contracter un mariage qui produise aucun effet civil. (25 Cod. civ.)

Du mariage des militaires, marins, etc. — Voyez décrets des 16 juin, 3 et 28 août 1808. Les empêchemens créés par ces décrets, ainsi que par les art. 285, 298 Cod. civ., sont simplement prohibitifs.

DES FORMALITÉS RELATIVES A LA CÉLÉBRATION DU MARIAGE.

Du lieu où le mariage doit être célébré. — 165 et 74. — Le mariage sera célébré publiquement dans la commune et devant l'officier civil du domicile de l'une des deux parties. Ce domicile, quant au mariage, s'établira par six mois d'habitation continue dans la même commune, même sans intention d'y fixer son principal établissement. — Cette résidence doit précéder immédiatement le mariage.

Celui qui a une résidence de six mois dans une commune, et son domicile réel dans une autre commune, peut-il indifféremment contracter mariage dans l'une ou dans l'autre? — Oui.

Le fait d'une habitation réelle dans une commune, joint à l'intention d'y fixer son principal établissement, suffirait-il pour acquérir le domicile pour le mariage, si l'habitation n'avait pas duré six mois? — Oui.

Des publications. — Voyez les art. 63. 64. 65. Cod. civ.

166.—Les deux publications ordonnées par l'art. 63, au titre des actes de l'état civil, seront faites à la municipalité du lieu où chacune des parties contractantes aura son domicile.

167.—Néanmoins si le domicile actuel n'est établi que par six mois de résidence, les publications seront faites en outre à la municipalité du dernier domicile, c'est-à-dire du domicile abdiqué. — Il me semble que si le mariage était contracté dans la commune de la résidence, les publications devraient être faites aussi dans celle du domicile réel.

168.— Voyez cet art. — Doit-on publier au domicile des parens dont la loi requiert seulement le conseil? — Non.

Les publications, si le consentement nécessaire au mineur était celui du conseil de famille, seraient faites dans le lieu où ce conseil tient ses séances. (Voyez art. 406 Cod. civ.)

169.—Voyez cet article et l'arrêté du 20 prairial an XI.

Des pièces qui doivent être remises à l'officier de l'état civil. — Voyez art. 69 *in fine;* 70—73 Cod. civ. Voyez aussi les art. 145, 148 et suiv. Cod. civ., et les décrets de 1808 précités.

De la célébration du mariage, et de la rédaction de l'acte de mariage. — Voyez les art. 75, 76 Cod. civ. — Voyez aussi les art. 199. 200 Cod. pén.

Du mariage contracté en pays étranger. — 170.—Le mariage contracté en pays étranger, entre Français et entre Français et étranger, sera valable, s'il a été célébré dans les formes usitées dans le pays, pourvu qu'il ait été précédé des publications prescrites par l'art. 63, au titre des actes de l'état civil, et que le Français n'ait point contrevenu aux dispositions contenues au chapitre Ier du présent titre.

Le mariage entre un Français et une étrangère pourrait-il être contracté devant les agens diplomatiques français? — Non (48).

Le défaut des publications en France entraînerait-il *nécessairement* nullité? — Non.

171.—Dans les trois mois après le retour du Français sur le territoire du royaume, l'acte de célébration du mariage contracté en pays étranger sera transcrit sur le registre public des mariages du lieu de son domicile.

Le défaut de transcription n'annulerait pas d'ailleurs le mariage, sauf aux tiers le droit d'invoquer cette absence de publicité contre la demande en nullité d'un engagement contracté par la femme sans autorisation. —L'hypothèque légale ne devrait également dater à l'égard des tiers que du jour de la transcription tardive.

DES OPPOSITIONS AU MARIAGE.

Des personnes qui ont droit de former opposition—172.—Le droit de former opposition à la célébration du mariage appartient à la personne engagée par mariage avec l'une des deux parties contractantes.

Une opposition ne pourrait donc pas être fondée sur une promesse de mariage.

173.—Le père, et à défaut du père, la mère, et à défaut des père et mère, les aïeul et aïeule peuvent former opposition au mariage de leurs enfans et descendans, encore que ceux-ci aient vingt-cinq ans accomplis. —On a pensé qu'un fils pourrait reculer devant la publicité d'un procès contre son père, ou que les délais nécessaires pour arriver à la mainlevée pourraient donner à une passion aveugle le temps de se calmer.

Sous le nom d'aïeul et d'aïeule, il faut comprendre les ascendans même d'un degré plus éloigné.

L'opposition d'un ascendant peut-elle être maintenue à raison de la gravité des circonstances, lorsqu'il n'existe d'ailleurs aucun empêchement légal? — Non. Aussi a-t-il été décidé qu'il devait être donné mainlevée de l'opposition formée par un père au mariage de sa fille majeure, avec un forçat libéré qui l'avait séduite. Cette décision irréprochable en droit accuse l'imprévoyance du législateur.

174. — A défaut d'aucun ascendant, le frère ou la sœur, l'oncle ou la tante (*mais non les neveux ou nièces*), le cousin ou la cousine germains majeurs ne peuvent former opposition que dans les deux cas suivants : 1º lorsque le consentement du conseil de famille, requis par l'art. 160, n'a pas été obtenu ; 2º lorsque leur opposition est fondée sur l'état de démence du futur époux (*leur parent*). Cette opposition, dont le tribunal pourra prononcer mainlevée pure et simple, ne sera jamais reçue qu'à la charge par l'opposant de provoquer l'interdiction et d'y faire statuer dans le délai qui sera fixé par le jugement.

L'opposition ne sera utile dans le cas prévu par l'art. 174, que dans le cas où l'enfant qui a besoin du consentement de la famille chercherait à induire en erreur l'officier de l'état civil sur son âge véritable.

Il est remarquable que les alliés n'ont dans aucun cas le droit de former opposition au mariage.

175. — Dans les deux cas prévus par le précédent article, le tuteur ou curateur ne pourra, pendant la durée de la tutelle ou de la curatelle, former opposition qu'autant qu'il y aura été autorisé par un conseil de famille qu'il pourra convoquer.

Il semble que si l'interdiction a été prononcée, le tuteur de l'interdit peut former opposition en sa seule qualité et sans autre autorisation.

Le ministère public a-t-il le droit d'agir par voie d'opposition au mariage, dans les cas où il pourrait agir par voie de nullité du mariage contracté ? — Oui ; il vaut mieux prévenir le mal que d'avoir à le réparer.

Des formes de l'opposition. — (Voyez art. 66, Cod. civ.) L'officier de l'état civil auquel l'opposition doit être signifiée, est celui de l'une des communes où doivent être faites les publications.

La signature de l'opposant ou de son fondé de pouvoir paraît requise, à peine de nullité.

176. — Tout acte d'opposition énoncera la qualité qui donne à l'opposant le droit de la former ; il contiendra élection de domicile dans le lieu où le mariage devra être célébré ; il devra également, à moins qu'il ne soit fait à la requête d'un ascendant, contenir les motifs de l'opposition, le tout à peine de nullité et de l'interdiction de l'officier ministériel qui aurait signé l'acte contenant opposition.

L'élection de domicile devra être faite dans le lieu du domicile réel de celui au mariage duquel on s'oppose, ou dans l'une des autres communes ou le mariage peut être également célébré.

L'huissier n'est pas juge du droit, en conséquence il ne peut refuser son ministère à l'opposant ayant qualité, quels que soient d'ailleurs les motifs de l'opposition ; mais il exposerait sa responsabilité, s'il prêtait son ministère à des individus manifestement sans qualité pour s'opposer : ainsi à une personne qualifiée étrangère à la famille dans l'acte même d'opposition.

Voyez art. 67 Cod. civ. — Il résulte de cet article que les actes de mainlevée devront être passés devant notaires.

Voyez art. 68 Cod. civ. dont la disposition est fondée sur ce que l'officier public ne peut pas se constituer juge du mérite d'une opposition ; il semble néanmoins qu'il ne devrait avoir égard à un acte qui ne serait pas revêtu des formes de l'opposition, comme une lettre missive, qu'autant que cet acte lui dénoncerait l'existence d'un empêchement d'ordre public au mariage. — Une opposition nulle en la forme peut être réitérée.

De la procédure sur la demande en mainlevée d'opposition. — 177. — Le tribunal de première instance prononcera dans les dix jours sur la demande en mainlevée.

Le tribunal sera celui du domicile élu, l'élection de domicile étant dans ce cas attributive de juridiction, ou celui du domicile de l'opposant, au choix du demandeur en mainlevée. (59 Cod. proc. civ.)

La demande en mainlevée d'opposition est dispensée du préliminaire de conciliation.

Le tribunal n'est pas tenu de prononcer définitivement dans les dix jours, mais il doit prononcer au moins préparatoirement dans ce délai. — Les juges qui ne prononceraient pas même préparatoirement dans le délai de dix jours, de celui où ils ont été saisis, pourraient suivant les circonstances être poursuivis comme coupables de déni de justice.

Le jugement par défaut qui donne mainlevée est-il susceptible d'opposition ? — Oui.

Le père a qualité, comme représentant naturel et légitime de son enfant, pour demander la nullité de l'opposition formée par la mère au mariage de leur fils mineur et auquel le père a consenti.

178. — S'il y a appel, il y sera statué dans les dix jours de la citation.

Le pourvoi en cassation est-il suspensif? — Il devrait l'être comme dans les cas prévus par les art. 263 Cod. civ., 241 Cod. proc. civ.; il y a parité de raison; néanmoins il faut décider négativement, la loi n'ayant pas apporté d'exception à la règle que le pourvoi en cassation n'est pas suspensif en matière civile.

179. — Voyez cet art. et les art. 130, 131 Cod. proc. civ.

DES DEMANDES EN NULLITÉ DE MARIAGE.

Du défaut de consentement des parties contractantes. — Le mariage qui a été contracté sans le consentement libre des deux époux, ou de l'un d'eux, ne peut être attaqué que par les époux ou par celui des deux dont le consentement n'a pas été libre. Lorsqu'il y a eu erreur dans la personne, le mariage ne peut être attaqué que par celui des deux époux qui a été induit en erreur.

La nullité du mariage contracté par un individu interdit, ou seulement notoirement en démence et depuis interdit, peut-elle être provoquée par le tuteur qui lui a été donné?

L'action en nullité du mariage appartiendrait-elle aux héritiers de celui qui l'a contracté par erreur, ou en état d'interdiction, ou seu-

lement de démence notoire (lorsque, dans ce dernier cas , son interdiction a été provoquée de son vivant)?

Si l'action en nullité du mariage pour défaut de consentement de
l'un des époux a été intentée par lui de son vivant, cette action pas-
sera à ses héritiers. (330, 957 Cod. civ.)

La dissolution du mariage par le décès de celui des époux contre
lequel l'action en nullité pouvait être formée, n'éteint pas cette
action.

181. — Dans le cas de l'article précédent, la demande en nullité
n'est plus recevable toutes les fois qu'il y a eu cohabitation continuée
pendant six mois, depuis que l'époux a acquis sa pleine liberté ou
que l'erreur a été par lui reconnue.

L'époux demandeur en nullité devra donc établir, 1° le fait de la
violence ou de l'erreur; 2° qu'il ne s'est pas écoulé six mois depuis
la cessation de cette violence ou de cette erreur.

Si, dans le cas où le consentement au mariage est entaché d'erreur
ou de violence, il n'y a eu aucune cohabitation des époux, mais
qu'il se soit écoulé dix ans depuis la cessation de la violence ou de
l'erreur, ce laps de temps serait-il une fin de non-recevoir contre
l'action en nullité du mariage? — Oui (1304).

La grossesse de la femme peut-elle être opposée comme fin de
non-recevoir à la demande en nullité du mariage contracté par erreur ou violence? —Non.

Dans le même cas de violence ou d'erreur, une ratification expresse et volontaire donnée avant les six mois rendrait-elle non-recevable à attaquer le mariage? — Oui.

*Du défaut de consentement de ceux sous la puissance desquels les
contractans se trouvent placés.* — 182. — Le mariage contracté sans
le consentement des père et mère , des ascendans ou du conseil de
famille, dans les cas où ce consentement était nécessaire, ne peut
être attaqué que par ceux dont ce consentement était requis ou par
celui des deux époux qui avait besoin de ce consentement.

4

La nullité ne peut être demandée que par les ascendans dont le consentement était requis ; d'où suit : 1° que la mère peut agir en nullité si le père est mort dans le délai utile pour attaquer le mariage, et sans l'avoir ratifié ; 2° que si l'ascendant dont le consentement était requis vient à mourir, l'action ne passe pas aux ascendans d'un degré supérieur ; 3° que dans les cas où il faut le consentement du conseil de famille, l'action appartient à ce conseil représenté par un de ses membres délégué à cet effet ; 4° que l'action en nullité de l'ascendant est personnelle et intransmissible à ses héritiers.

183. — L'action en nullité ne peut plus être intentée ni par les époux, ni par les parens, dont le consentement était requis, toutes les fois que le mariage a été approuvé expressément ou tacitement par ceux dont le consentement était nécessaire, ou lorsqu'il s'est écoulé une année sans réclamation de leur part depuis qu'ils ont eu connaissance du mariage. Elle ne peut être intentée non plus par l'époux, lorsqu'il s'est écoulé une année sans réclamation depuis qu'il a atteint l'âge compétent pour consentir par lui-même au mariage — (c'est-à-dire, si c'est une fille, vingt-un ans ; si c'est un fils, vingt-cinq ou vingt-un ans, suivant qu'il existe ou non des ascendans).

La ratification de l'ascendant éteindrait-elle l'action du conjoint intentée antérieurement à cette ratification ? — Non. — Mais la ratification des ascendans d'une ligne me paraît élever une fin de non recevoir contre l'action en nullité des ascendans de l'autre ligne, lors même que cette action aurait déjà été intentée.

L'action du conseil de famille paraît éteinte par la majorité du mineur ou par son décès ; — il n'en serait pas de même de l'action des ascendans.

Si l'époux qui avait besoin pour le mariage du consentement des ascendans ou de la famille avait employé la fraude pour tromper son conjoint, comme s'il avait exhibé un faux acte de naissance, il serait non-recevable à demander la nullité du mariage.

La cohabitation volontaire des époux après avoir atteint l'âge compétent, ou même la ratification expresse de celui des époux qui avait besoin du consentement de ses parens, produirait-elle le même effet que la ratification tacite résultant du laps d'une année sans réclamation, et rendrait-elle cet époux non-recevable à demander la nullité du mariage? — Non.

Du défaut d'âge; de l'existence d'un premier lien; de la parenté ou alliance au degré prohibé. — 184. — Tout mariage contracté en contravention aux dispositions contenues aux articles 144, 147, 161, 162, 163, peut être attaqué soit par les époux (et même par celui d'entre eux qui est de mauvaise foi), soit par tous ceux qui y ont intérêt (dans le sens de l'art. 187), soit par le ministère public.

L'action en nullité du mariage pour cause de bigamie ou d'inceste ne peut être couverte ni par la dissolution du premier mariage, pendant la durée du second, ni par la concession de dispenses.

185. — Néanmoins le mariage contracté par des époux qui n'avaient point encore l'âge requis (c'est-à-dire quinze ou dix-huit ans suivant le sexe) ou dont l'un des deux n'avait point atteint cet âge, ne peut plus être attaqué, 1° lorsqu'il s'est écoulé six mois depuis que cet époux ou les époux ont atteint l'âge compétent; 2° lorsque la femme qui n'avait point cet âge a conçu avant l'échéance de ces six mois.

La grossesse alléguée comme fin de non-recevoir doit-elle nécessairement être antérieure à l'exercice de l'action? — Non, il suffit que le fait de la grossesse soit survenu avant que le mariage soit annulé.

Il semble que si le fait d'une grossesse non encore apparente est allégué par la femme, les juges devront ordonner provisoirement la séparation des époux, pour, après un certain temps, prononcer définitivement sur la demande en nullité, suivant que le fait allégué aura ou non été justifié.

Si le mari n'a pas l'âge compétent, la grossesse de la femme ne peut en aucun cas, et quel que soit son âge, être opposée comme fin de non-recevoir à l'action en nullité.

La cohabitation continuée après l'âge compétent suffirait-elle pour éteindre l'action en nullité, s'il ne s'était pas écoulé six mois depuis cet âge ? — Non.

186. — Le père, la mère, les ascendans et la famille (de l'époux impubère) qui ont consenti au mariage contracté dans le cas de l'article précédent ne sont point recevables à en demander la nullité.

La fin de non-recevoir tirée du consentement ne s'appliquerait pas aux parens qui auraient consenti, parce qu'ils auraient été induits en erreur sur l'âge véritable de l'impubère.

Elle ne peut pas non plus être opposée aux parens qui auraient approuvé le mariage expressément ou tacitement, à une époque où ils n'avaient pas qualité légale pour consentir à ce mariage.

187. — Dans tous les cas où, conformément à l'article 184, l'action en nullité peut être intentée par tous ceux qui y ont un intérêt, elle ne peut l'être par les parens collatéraux ou par les enfans nés d'un autre mariage du vivant des deux époux, mais seulement lorsqu'ils y ont un intérêt né et actuel.

Il résulte des discussions qui ont eu lieu sur l'art. 187, que dans la pensée de la loi cet intérêt actuel n'a paru pouvoir exister pour les enfans nés d'un autre mariage et les collatéraux qu'après la mort de l'époux leur parent. — Mais que faudrait-il décider si du vivant des deux époux les enfans du premier lit ou les collatéraux avaient un intérêt né et actuel, comme si les enfans du premier lit voulaient écarter de la succession d'un frère germain les enfans du second mariage prétendant à cette succession comme frères consanguins ou utérins, ou bien si les collatéraux voulaient faire prononcer la nullité du mariage afin d'enlever aux enfans issus de ce mariage une succession dont leur père a été déclaré indigne et à laquelle ils prétendent de leur chef ? — L'action en nullité me semble dans ce cas devoir être accordée aux collatéraux. — Peut-être devrait-on décider différemment à l'égard des enfans, l'exercice de l'action en nullité du mariage contracté par leur père paraissant inconciliable avec ce principe, que l'enfant à tout âge doit honneur et respect à ses père et mère. Il resterait dans ce dernier cas à cet enfant l'action en pétition d'hérédité après la mort de son parent.

Les ascendans sont-ils compris dans ces termes : « *Tout ceux qui ont intérêt à la nullité du mariage?* » — Les ascendans ont un intérêt de direction morale, de magistrature domestique, et en ce sens il paraîtrait conforme à l'esprit de la loi de leur accorder l'action en nullité; mais d'autre part les termes de l'art 191 , qui distinguent les ascendans de ceux qui ont un intérêt, semblent contraires à cette opinion.

Si un époux a contracté un second mariage pendant l'absence de l'autre époux, et que ce dernier, de retour, n'en demande pas l'annulation, l'action en nullité du second mariage pourra être intentée soit par les nouveaux époux, soit par le ministère public, soit même par les parens collatéraux qui y auraient un intérêt né et actuel, ou par les enfans du premier mariage après la mort de l'époux leur parent, suivant l'art. 187.

188. — L'époux au préjudice duquel a été contracté un second mariage, peut en demander la nullité du vivant même de l'époux qui était engagé avec lui.

Tout demandeur en nullité de mariage pour cause de bigamie doit prouver non seulement qu'un premier mariage a été contracté , mais aussi que ce premier mariage existait encore à l'époque de la célébration du second. Ce n'est pas au défendeur à rapporter la preuve de la dissolution du premier mariage.

189. — Si les nouveaux époux (ou les enfans du second mariage) opposent la nullité du premier mariage, la validité ou la nullité de ce mariage doit être jugée préalablement — (devant les tribunaux civils).

L'exception de nullité du premier mariage peut être opposée non seulement au premier époux qui demande la nullité du second mariage, mais aussi à tous autres qui attaqueraient le second mariage pour cause d'existence du premier.

190. — Le procureur du roi, dans tous les cas auxquels s'applique l'art. 184 et sous les modifications portées en l'art. 185, peut et doit demander la nullité du mariage du vivant des deux époux, et les faire condamner à se séparer.

Le ministère public pourrait-il agir après la mort de l'époux du premier mariage? — le pourrait-il après la mort de l'un des époux du second mariage? — Non.

Le ministère public peut-il agir en validité d'un mariage annulé, sur la demande de l'un des époux contre l'autre? — peut-il interjeter appel d'un jugement qui a, contre ses conclusions comme partie jointe, déclaré un mariage nul? — Non.

Du défaut de publicité, ou de l'incompétence de l'officier public. — 191. — Tout mariage qui n'a point été contracté publiquement et qui n'a point été célébré devant l'officier public compétent, peut être attaqué par les époux eux-mêmes, par les père et mère, par les ascendans et par tous ceux qui y ont un intérêt né et actuel (dans le sens de l'art. 187), ainsi que par le ministère public.

La publicité est un fait complexe composé de plusieurs élémens; si tel ou tel élément de publicité manque, c'est aux tribunaux, ainsi que l'atteste l'art. 193 *in fine*, que la loi a laissé la souveraine appréciation de la question de savoir s'il y a eu publicité suffisante, et si en conséquence le mariage doit ou non être maintenu. Aussi, la jurisprudence a-t-elle décidé qu'un mariage contracté hors de la maison commune est valable, proposition d'ailleurs incontestable, puisque les mariages *in extremis* sont autorisés; — qu'il n'y a pas lieu d'annuler un mariage contracté en présence de deux témoins seulement, etc.

L'incompétence de l'officier civil est personnelle ou territoriale:

— personnelle, si le mariage a été célébré devant un officier civil autre que celui du domicile ou de la résidence légale de l'une des deux parties ; — territoriale, si l'officier civil a célébré le mariage de personnes domiciliées dans sa commune, mais hors des limites de cette commune.

L'incompétence personnelle n'étant autre chose que l'absence d'un des élémens de publicité (savoir : la célébration dans la commune du domicile ou de la résidence légale de l'une des parties), il semble que la question de savoir si cette incompétence entraîne nullité se réduit à celle-ci : Le mariage a-t-il été contracté publiquement? et sera résolue par le pouvoir discrétionnaire des tribunaux.

Quid, de l'incompétence territoriale? — Dans la rigueur du droit, le mariage serait nul, car l'officier de l'état civil n'est plus qu'un homme privé au delà des limites de sa commune. Néanmoins la relation de l'art. 193 *in fine* à l'art. 165 permet de s'écarter de cette opinion rigoureuse, et d'admettre que la nullité est seulement facultative pour les juges.

192 — 193. — Voyez ces articles, et remarquez les expressions finales de l'art. 193.

De la mort civile. — Le mariage contracté par un mort civilement est radicalement nul, de sorte que tous ceux qui auraient intérêt à la nullité de ce mariage pourraient agir comme s'il n'existait pas, et, s'il était opposé, le repousser par voie d'exception.

De la preuve du mariage. — 194. — Il ne faut pas confondre la demande en nullité de mariage avec la contestation de l'existence de ce mariage. Cette contestation n'est limitée ni par rapport au temps, ni par rapport aux personnes, et dès que le mariage est nié, c'est à celui qui en réclame les effets à en apporter la preuve.—Nul ne peut réclamer le titre d'époux et les effets civils du mariage, s'il ne représente un acte de célébration inscrit sur le registre de l'état civil, sauf les cas de perte ou de non-existence des registres, suivant l'art. 46 Cod. civ.,—et sauf aussi le cas de perte et de suppression des feuillets sur lesquels devait se trouver l'inscription de l'acte de célébration.

195.— La possession d'état ne pourra pas dispenser les prétendus époux qui l'invoqueront respectivement de représenter l'acte de célébration du mariage devant l'officier de l'état civil. — D'une part, en effet, des époux ne peuvent ignorer le lieu où a été célébré leur mariage, et d'autre part la possession d'état, qui est l'œuvre des prétendus époux, et qui couvre souvent en fait des unions illégitimes, ne peut dispenser de la représentation de l'acte de célébration.

196.— Lorsqu'il y a possession d'état et que l'acte de célébration du mariage devant l'officier de l'état civil est représenté, les époux sont *respectivement* non-recevables à demander la nullité de cet acte. —Ainsi la possession d'état a cet effet *entre les époux*, qu'elle valide un acte vicieux dans la forme et dont l'un des époux voudrait demander la nullité. Ceci paraît s'appliquer même au cas où l'acte de célébration n'aurait été inscrit que sur une feuille volante.

197.— Si, néanmoins, dans le cas des art. 194 et 195 il existe des enfans, la légitimité de ces enfans ne peut être contestée *sous le seul prétexte* du défaut de représentation de l'acte de célébration, lorsqu'ils pourront justifier, 1o qu'ils ont la possession d'état d'enfans légitimes; 2° que cette possession d'état n'est pas contredite par leur acte de naissance ; 3° que leurs père et mère ont eu la possession d'état d'époux; 4° que ces père et mère sont tous deux *décédés* (c'est-à-dire morts naturellement et non pas civilement). — Ces dispositions sont fondées sur ce que des enfans peuvent ignorer le lieu de la célébration du mariage de leurs père et mère.

Il semble dans l'esprit de la loi de décider que si les père et mère ou le survivant d'eux étaient absens ou interdits, ou bien que l'enfant réclamât les effets du mariage (ainsi, le partage de la communauté) contre le survivant des époux qui lui contesterait son état, cet enfant devrait jouir du bénéfice de l'art. 197, quoique la condition du décès des deux époux ne fût pas littéralement accomplie.

Les petits-enfans paraissent devoir jouir du bénéfice de l'art. 197 sous les mêmes conditions.

198. — Lorsque la preuve d'une célébration légale du mariage se trouve acquise par le résultat d'une procédure criminelle, l'inscription du jugement sur les registres de l'état civil assure au mariage à compter de sa célébration tous les effets civils tant à l'égard des époux qu'a l'égard des enfans issus du mariage (et des autres intéressés). Voyez aussi les art. 145—147, 173, 254—256, Cod. pén.

199. — Si les époux ou l'un d'eux sont décédés sans avoir découvert la fraude, (ou si l'ayant connue, ils ont négligé d'agir,) l'action criminelle peut être intentée par tous ceux qui ont intérêt de faire déclarer le mariage valable et par le procureur du roi.

Il ne résulte pas de l'art. 199 que le ministère public ne puisse pas agir pour l'application de la peine du vivant des époux; la loi a voulu dire qu'il ne pourrait être tiré aucune fin de non-recevoir contre les intéressés ou le ministère public du silence des époux pendant leur vie.

Les termes de l'art. 199, suivant lesquels l'action criminelle peut être intentée par les intéressés, doivent être entendus en ce sens que les intéressés peuvent se porter parties civiles dans l'instance criminelle, et demander l'inscription sur les registres de l'état civil du jugement qui constate le fait de la célébration; — le ministère public seul agit pour l'application de la peine.

200. — Si l'officier public est décédé lors de la découverte de la fraude, l'action sera dirigée au civil, contre ses héritiers, *par le procureur du roi*, en présence des parties intéressées, et sur leur dénonciation; — par le procureur du roi, afin de prévenir toute connivence entre les héritiers de l'officier de l'état civil et des personnes qui voudraient se procurer la preuve d'un mariage qui n'aurait pas existé.

Il en serait de même, et par le même motif, si l'action était dirigée contre l'officier public, non comme auteur de la fraude, mais comme civilement responsable.

L'action criminelle contre le coupable et l'action civile contre ses héritiers auraient également lieu si c'était une autre personne que l'officier de l'état civil qui eût supprimé l'acte de célébration.

Si l'auteur de la fraude n'est pas connu, il semble que l'on doit, pour faire rétablir l'acte de célébration sur les registres de l'état civil, agir dans les formes prescrites par les art. 855 et suivans du Code de proc. civ.

Des mariages putatifs. — 201, 202. — Le mariage qui a été déclaré nul produit néanmoins les effets civils, tant à l'égard des époux qu'à l'égard des enfans, lorsqu'il a été contracté de bonne foi. — Si la bonne foi n'existe que de la part de l'un des deux époux, le mariage ne produit les effets civils qu'en faveur de cet époux et des enfans issus du mariage.

Quid, si la bonne foi existant au moment de la célébration vient à cesser, les enfans conçus postérieurement à la découverte du vice du mariage devront-ils être exclus des effets civils de ce mariage? — Il paraît résulter de ces termes de l'art. 201 : *lorsqu'il a été contracté de bonne foi,* que l'on considère la bonne foi au moment du contrat seulement. Cette décision est au reste controversable lorsque le mariage est entaché d'inceste ou de bigamie.

Les époux de bonne foi conservent-ils l'un contre l'autre les droits de successibilité, établis par l'art. 767, Cod. civ.? — Non.

Si les deux époux sont de bonne foi, ils conservent les avantages qu'ils se sont faits pour les exercer dans les mêmes cas et aux mêmes époques que si le mariage eût été valable. — La communauté se partage suivant les règles ordinaires.

Si l'un des époux est de mauvaise foi, l'autre époux conserve seul les avantages qui lui ont été faits, ces avantages eussent-ils été stipulés réciproques. — Quant aux conventions matrimoniales, l'époux de bonne foi peut les accepter telles qu'elles ont été faites, ou exiger que les choses soient remises au même état que si ces conventions n'avaient pas eu lieu. —Ainsi au cas de communauté, et si l'époux de bonne foi l'exige, il n'y aura eu entre les conjoints qu'une communauté de fait, chacun exerçant la reprise de ses apports.

La légitimation des enfans naturels simples, reconnus avant le mariage putatif ou dans l'acte de célébration, résulte-t-elle de ce mariage ?—Oui.

Des obligations qui naissent du mariage.

203. — Les époux contractent par le fait seul du mariage l'obligation de nourrir, entretenir et élever leurs enfans — même naturels, lorsqu'ils ont été légalement reconnus. (762 arg.)

L'obligation des parens ne cesse pas à l'égard de l'enfant même majeur, lors même qu'il aurait été doté ou établi par eux, ou qu'il aurait reçu une éducation convenable si elle ne le met pas encore en état de gagner sa vie : elle ne cesse pas non plus par la mauvaise conduite de l'enfant, cette conduite entraînât-elle l'exclusion pour indignité de la succession paternelle.

204. — l'enfant n'a pas d'action contre ses père et mère pour un établissement par mariage ou autrement.

205. —Les enfans doivent des alimens à leurs père et mère et autres ascendans qui sont dans le besoin, —et cette dette n'est éteinte ni par la mort civile de leurs ascendans — ni par le convol de leur mère. —Il importe peu d'ailleurs que l'enfant n'ait pas été doté, sauf aux tribunaux, si les autres enfans l'ont été, à prendre cette circonstance en considération dans la répartition de la pension alimentaire.

206. — Les gendres et belles-filles doivent également, et dans les mêmes circonstances, des alimens à leurs beau-père et belle-mère; mais cette obligation cesse : 1° lorsque la belle-mère a convolé en

secondes noces ; 2° lorsque celui des époux qui produisait l'affinité, et les enfans issus de son union avec l'autre époux, sont décédés.

L'obligation alimentaire existe-t-elle entre les beaux-fils et belles-filles *privignos*, et les beaux-pères et belles-mères, *vitricos vel nover-cas?* — Non, ainsi que le démontre la relation du mot, gendre, avec celui de belle-fille.

Existe-t-elle entre un conjoint et les aïeuls de l'autre? Non.

Cesse-t-elle si la belle-fille *nurus* convole en secondes noces? — Oui. (207 arg.)

207. — Les obligations résultans de ces dispositions sont réciproques.

208. — Les alimens ne sont accordés que dans la proportion des besoins de celui qui les réclame, et de la fortune de celui qui les doit. — Le débiteur des alimens acquitte une dette en les payant et n'acquiert pas une créance, d'où suit qu'il ne peut pas les répéter, si celui auquel il les a fournis vient à acquérir des biens personnels.

209. — Lorsque celui qui fournit, ou celui qui reçoit les alimens est placé dans un état tel que l'un ne puisse plus en donner, ou que l'autre n'en ait plus besoin en tout ou partie, la décharge ou réduction peut en être demandée. — Si au contraire les besoins de celui auquel les alimens sont dus viennent à augmenter, les tribunaux peuvent, suivant les circonstances, accorder un supplément de pension. — C'est au défendeur à la demande à fin de prestation alimentaire à prouver que le demandeur a des biens suffisans pour son existence.

Les personnes, auxquelles sont dus des alimens, jouissent-elles à l'égard de ceux qui les doivent du bénéfice de compétence ; ainsi un père, débiteur envers son fils d'une somme excédant toute sa fortune, aurait-il le droit de demander à n'être poursuivi sur ses biens que sous la déduction de la portion nécessaire pour sa subsistance? — Non.-

L'obligation de fournir des alimens entraîne-t-elle celle de payer les dettes? — Non, en règle générale; mais cette règle devrait être modifiée pour le cas où un parent auquel son enfant refusait des alimens aurait contracté des dettes pour se les procurer.

Toutes les personnes comprises dans l'obligation de se fournir des alimens en sont-elles tenues concurremment? — Non; il semble que l'aïeul ne doit s'adresser à ses petits-enfants, qu'autant que leur père n'est pas en état de les fournir en tout ou en partie. — De même le beau-père paraît ne devoir s'adresser à son gendre qu'autant que sa fille n'aurait pas des paraphernaux suffisans. Néanmoins les tribunaux, usant du pouvoir en quelque sorte discrétionnaire que leur laisse sur ce point le silence de la loi, pourraient décider autrement suivant les circonstances.

Les personnes tenues concurremment de l'obligation alimentaire, comme les enfans envers leur père, en sont-elles tenues solidairement? — Non; ainsi, si le père ne s'adresse qu'à un seul de ses enfans, celui-ci aura droit d'appeler ses co-débiteurs en cause, et le tribunal devra fixer le montant de la somme que paiera annuellement et divisément chacun d'eux.

210, 211. — Voyez ces articles, et remarquez que l'on n'exige pas des père et mère qu'ils justifient de l'impossibilité où ils seraient de payer la pension alimentaire en argent: cela tient à ce que la vie commune dans ce cas n'offre généralement pas les mêmes inconvéniens que dans le cas de l'art. 210.

DES DROITS ET DES DEVOIRS RESPECTIFS DES ÉPOUX.

212, 213. — Les époux se doivent mutuellement fidélité, secours, assistance. — Le mari doit protection à sa femme; la femme doit obéissance à son mari.

214. — La femme est obligée d'habiter avec son mari et de le suivre partout où il juge à propos de résider (même en pays étranger): le mari est obligé de la recevoir et de lui fournir tout ce qui est nécessaire pour les besoins de la vie, selon ses facultés et son

état; — d'où il suit, que l'obligation pour la femme d'habiter avec lui cesserait, s'il prétendait lui assigner une résidence qui ne fût pas convenable suivant son état et sa fortune, ou s'il recevait une concubine dans la maison conjugale.

La femme qui refuse d'habiter avec son mari peut-elle y être contrainte *manu militari?* — Il semble que cette voie, légale d'ailleurs pour ramener la femme dans le domicile marital, deviendrait illégale si elle y était forcément détenue, inefficace si elle avait la liberté d'en sortir : les tribunaux ne devraient donc ordonner la contrainte par corps qu'autant que la femme se trouverait placée hors du domicile marital, sous une influence étrangère, et qu'il y aurait lieu d'espérer qu'elle consentira à habiter avec son mari dès qu'elle ne sera plus soumise à cette influence. Dans les autres cas, le mari pourrait refuser les alimens à sa femme, et de plus, les tribunaux pourraient la condamner à des dommages-intérêts, et déclarer cette condamnation exécutoire par corps suivant l'art. 126 du Cod. de proc. civ.

Le mari est tenu aussi de recevoir sa femme dans le domicile marital; celle-ci ne pourrait pas être forcée de se contenter d'une pension proportionnée à son état et à ses facultés, sans préjudice du droit de demander la séparation de corps.

De l'incapacité de la femme mariée. — 215. — La femme ne peut ester en jugement (soit en demandant, soit en défendant) sans l'autorisation de son mari, quand même elle serait commerçante, ou non commune, ou séparée de biens.

Il faut décider avec la jurisprudence — que le mari autorise suffisamment sa femme, soit en demandant, soit en défendant, lorsqu'il agit conjointement avec elle; — que l'autorisation donnée en première instance n'autorise pas la femme à poursuivre son procès en appel ou devant la cour de cassation; mais qu'elle l'autorise suffisamment à former opposition à un jugement par défaut rendu contre elle; — que l'autorisation pour ester en jugement emporte autorisation afin de comparaître en conciliation , mais non de transiger ; — que la femme mariée ne peut, sans le consentement de son mari, se désister d'une action valablement intentée.

Si une femme qui a un procès se marie , que l'affaire ne soit pas en état, et qu'il soit fait notification du changement d'état de cette femme, elle ne pourra ester valablement en jugement sans l'autorisation de son mari (342 - 344 Cod. proc. civ.). — Cette notification n'eût-elle pas été faite, l'instance d'appel ne pourrait être suivie par la femme qu'avec l'autorisation maritale.

Les procédures seraient nulles quoique la femme mariée eût pris dans l'instance la qualité de veuve ou de fille (1307 arg.), à moins qu'elle n'eût usé de moyens frauduleux pour induire en erreur sur son véritable état (et ceci s'applique aussi aux contrats passés par la femme , sans autorisation).

Si un mariage avait été tenu secret par les époux, et que la femme eût plaidé (ou contracté) sans autorisation , on pourrait faire à ce cas l'application de la maxime, *error communis facit jus.*

La femme mariée n'a pas besoin d'autorisation pour faire les actes extrajudiciaires ou conservatoires. (940 , 2194, Cod. civ.)

216.—L'autorisation du mari n'est pas nécessaire lorsque la femme est poursuivie en matière criminelle (correctionnelle), ou de police; —mais il est évident que la femme ne pourrait se porter partie civile dans une instance criminelle sans autorisation.

217.—La femme même non commune ou séparée de biens ne peut donner, aliéner, hypothéquer, acquérir à titre gratuit ou onéreux , sans le concours du mari dans l'acte ou son consentement par écrit.

L'autorisation de la justice est-elle nécessaire pour habiliter la femme mariée *majeure* à contracter un engagement au profit de son mari? — Non.

La ratification donnée par le mari postérieurement à l'acte passé par la femme sans autorisation , équivaudrait-elle au consentement

(40)

donné *ab initio*, et éteindrait-elle l'action en nullité, résultant au profit de la femme, de l'art. 225, Cod. civ. ? — Non.

La femme séparée de biens ne peut pas disposer à titre gratuit, même de son mobilier (217); mais elle peut sans autorisation l'aliéner à titre onéreux (1449).

Le droit d'aliéner le mobilier emporte-t-il pour la femme séparée celui de contracter des obligations exécutoires jusqu'à concurrence de ce mobilier ? — Non, à moins que ces obligations ne soient relatives à l'administration de ses biens.

La femme qui achète les fournitures nécessaires aux besoins de sa famille oblige son mari et ne s'oblige pas elle-même.

218. — Si le mari refuse d'autoriser sa femme à ester en jugement, le tribunal peut donner l'autorisation. — Ce tribunal est celui du domicile marital, si la femme agit en demandant. — Dans le cas contraire, le tribunal saisi de la contestation (lors même que ce serait un tribunal de commerce) donne une autorisation de pure forme et sans examen du fond, si le mari assigné pour la validité de la procédure a refusé d'autoriser sa femme.

Voyez les art. 861, 862, Cod. de proc. civ.

219. — Voyez cet article et remarquez que les art. 861 et 862 du Cod. de proc. civ. paraissent devoir être suivis, lorsque la femme demande à la justice, au refus du mari, l'autorisation de passer un acte, comme lorsqu'elle demande l'autorisation d'ester en jugement ; il y a dans les deux cas même raison de décider : la femme devra donc non plus faire citer son mari *directement*, mais en obtenir l'autorisation du président du tribunal.

La femme s'oblige envers les tiers, sans autorisation de son mari, par ses délits et quasi-délits. — Elle s'oblige aussi sans être autorisée, par le quasi-contrat de gestion des affaires d'autrui et par la gestion de tutelle ; par la réception d'un paiement indu et par l'acceptation d'un mandat, jusqu'à concurrence de ce dont elle s'est enrichie par suite du mandat ou du paiement (1990, 1312).

220. — La femme, si elle est commerçante, peut sans l'autorisation de son mari, s'obliger pour ce qui concerne son négoce, et, audit cas, elle oblige aussi son mari, s'il y a communauté entre eux. Elle n'est pas réputée commerçante, si elle ne fait que détailler les marchandises du commerce de son mari, mais seulement quand elle fait un commerce séparé. — La femme n'a pu devenir commerçante, sans l'autorisation de son mari; cette autorisâtion emporte virtuellement celle de faire tous les actes relatifs à son commerce.

L'engagement contracté par la femme commerçante sans énonciation de cause est reputé pour fait de commerce, si la femme s'est obligée par un acte commercial dans sa forme. (638 Cod. com.)

Si l'obligation de la femme est causée pour faits de commerce, la validité de cet acte ne saurait être subordonnée à l'emploi commercial effectif des fonds empruntés ; s'ils étaient donc employés à une destination purement civile, l'obligation de la femme ne serait pas moins valable quoiqu'elle ait été contractée sans l'autorisation maritale.

Le consentement tacite du mari suffit pour que la femme soit commerçante ; — mais ce consentement ne pourrait dans aucun cas être suppléé par l'autorisation de justice.

La femme commerçante oblige son mari, s'il y a communauté entre eux, mais non pas sous les autres régimes. Les bénéfices commerciaux étant considérés comme des capitaux qui restent propres à la femme, il est naturel que le mari ne soit pas tenu des dettes.

Le femme, simple factrice de son mari, l'oblige sans autorisation spéciale; elle diffère de la femme commerçante en ce point que, mandataire de son mari, elle oblige celui-ci sans s'obliger elle-même.

Le mari, même commun en biens, n'est pas tenu par corps des engagemens de sa femme commerçante.

221. — Lorsque le mari est frappé d'une condamnation emportant peine afflictive ou infamante, encore qu'elle n'ait été prononcée que par contumace, la femme même majeure ne peut, *pendant la durée de la peine*, ester en jugement ni contracter qu'après s'être

fait autoriser par le juge qui peut en ce cas donner l'autorisation sans que le mari ait été entendu ou appelé.

222. — Si le mari est interdit ou absent (même seulement présumé, 863, 864, Cod. de proc. civ.), le juge peut, en connaissance de cause, autoriser la femme, soit pour ester en jugement, soit pour contracter.

Quid, au cas de simple non présence du mari? La femme ne peut alors suppléer à l'autorisation maritale par l'autorisation judiciaire. Ce principe pourrait cependant fléchir dans des circonstances très urgentes.

La femme de celui qui est placé sous l'assistance d'un conseil judiciaire doit suivant la règle générale obtenir l'autorisation maritale.

223. — Toute autorisation générale, même stipulée par contrat de mariage, n'est valable que quant à l'administration des biens de la femme.

224. — Si le mari est mineur, l'autorisation du juge est nécessaire à la femme (même majeure) soit pour ester en jugement, soit pour contracter; — mais il est convenable que le mari mineur soit consulté par le juge.

L'autorisation donnée par le juge en première instance doit être réitérée sur l'appel.

En cas de minorité de la femme, l'autorisation de son mari majeur équivaut à l'assistance d'un curateur; si le mari est mineur lui-même ou si étant majeur il refuse de lui donner son autorisation pour ester en jugement ou contracter, il sera nommé, par le tribunal, un curateur *ad hoc* à la femme.

Effets de l'autorisation maritale. — Sous le régime de la communauté, les créanciers peuvent poursuivre le paiement des obligations contractées par la femme avec l'autorisation maritale tant sur tous les biens de la communauté que sur ceux du mari ou de la femme (1419). — Sous le régime d'exclusion de communauté ou sous celui de séparation de biens, ils peuvent poursuivre l'exécution de ces mêmes obligations sur la toute propriété des biens personnels de la femme (1413 arg). — Sous le régime dotal, ils ne peuvent poursuivre cette exécution que sur la toute propriété des paraphernaux de la femme si elle en a, et sur sa dot mobilière.

Effets de l'autorisation judiciaire ou refus à défaut du mari. — Sous le régime de communauté, il y a lieu d'appliquer l'art. 1426 et de décider que les obligations contractées par la femme avec l'autorisation de justice au refus ou à défaut du mari ne peuvent être exécutées que sur la nue propriété des biens personnels de cette femme (1413, 1417, 1424 arg). — Il faut décider de même s'il y a exclusion de communauté.—Sous le régime dotal, l'action des créanciers s'exercera sur la nue propriété de la dot mobilière de la femme, et sur la toute propriété de ses paraphernaux. — Sous le régime de séparation de biens, les obligations de la femme autorisée par justice s'exécuteront sur la toute propriété de ses biens personnels.

225. — La nullité fondée sur le défaut d'autorisation ne peut être opposée que par la femme, par le mari, ou par leurs héritiers. —La durée de l'action en nullité est réglée par l'art. 1304.—La nullité ne pourrait être demandée par les héritiers du mari, qu'autant qu'ils auraient un intérêt pécuniaire à faire annuler l'acte passé par la femme sans autorisation.

La nullité de l'acte passé par la femme sans autorisation, peut être demandée par ses créanciers. L'action en nullité est relative en ce sens que la personne capable, qui a contracté avec un incapable, ne peut pas en demander la nullité (1125); mais cette action n'est pas pour l'incapable un droit exclusivement personnel et intransmissible.

Le donateur peut-il révoquer une donation parce que l'acceptation de la femme donataire aurait été donnée sans autorisation de son mari ou de justice? — Non.

226. — La femme peut tester sans l'autorisation de son mari. — Le testament doit être l'expression d'une volonté libre et personnelle

qui d'ailleurs n'aura d'effet que pour un temps où la puissance maritale n'existera plus.

DE LA DISSOLUTION DU MARIAGE.

227. — Le mariage se dissout 1° par la mort de l'un des époux ; 2° par la condamnation *devenue définitive* de l'un des époux à une peine emportant mort civile.

Si la condamnation à une peine emportant mort civile est contradictoire, la dissolution du mariage résulte de l'exécution de cette condamnation. — Si la condamnation est par contumace, le mariage n'est dissous qu'après 20 ans depuis la date de l'arrêt. (476 et 635, Cod. d'inst. crim.)

DES SECONDS MARIAGES.

228. — La femme ne peut contracter un second mariage avant dix mois révolus depuis la dissolution du mariage précédent. — Cette disposition a surtout pour but d'éviter la confusion du part. — Elle s'appliquerait également au cas où la femme, dont le mariage aurait été déclaré nul, voudrait contracter un nouveau mariage. — Elle n'élève d'ailleurs qu'un empêchement prohibitif.

Quid, si en fait, la femme se remarie, et s'il naît un enfant avant trois cents jours depuis la dissolution du premier mariage ; auquel des deux maris sera-t-il censé appartenir ? — La question doit être décidée suivant les circonstances.

Paris. — Imprimerie de Paul Dupont, rue de Grenelle-Saint-Honoré, n° 55.